정순실

물집

애지시선 028

물집

2009년 8월 17일 초판 1쇄 발행

지은이 정군칠
펴낸이 윤영진
기 획 유용주 이정록 손세실리아
편 집 함순례
디자인 함광일 이경훈
홍 보 한천규
펴낸곳 도서출판 애지
등록 제 2005-5호
주소 300 -170 대전광역시 동구 삼성동 125-2 4층
전화 042 637 9942
팩스 042 635 9941
전자우편 ejiweb@hanmail.net

ISBN 978-89-92219-22-8 03810

* 이 책은 2006년 한국문화예술진흥위원회 창작지원금을 받았습니다

애지시선 028

물집

정군칠 시집

□ 시인의 말

바다 밑 끓던 용암이
섬 오름 봉분을 만들었다

내 안의 불화들이
살갗 아래 물집을 만든다

누구는 맹물로 그림을 그린다는데 나는 굳이 먹으로
흔적을 남기고 만다

2009년 여름
정군칠

차례

제4부 달의 난간

제1부

모슬포

게와 아이들

게들은 어쩌자고
밀물을 따라와선
바지락바지락 서귀포를 끌고 가나

바다는 어쩌자고
게들을 몰고 와선
한 양푼이 푸우 거품을 쏟아놓나

어쩌자고 나는
또
자꾸만 헛딛는 어린 게의 집게발에 목이 메어
은종소리 쟁쟁거리는 그늘로
스며들고 있나

모슬포

모슬포에 부는 바람은 날마다 날을 세우더라 밤새 산자락을 에돌던 바람이 마을 어귀에서 한숨 돌릴 때, 슬레이트 낡은 집들은 골마다 파도를 가두어 놓더라 사람들의 눈가에 번진 물기들이 시계탑 아래 좌판으로 모여들어 고무대야 안은 항시 푸르게 일렁이더라 시퍼렇게 눈 부릅뜬 날것들이 바람을 맞더라

모슬포의 모든 길들은 굽어 있더라 백조일손지묘百祖一孫之墓 지나 입도 2대조 내 할아비, 무지렁이 생이 지나간 뼈 묻힌 솔밭길도 굽어 있더라 휘어진 솔가지들이 산의 상처로 파인 암굴을 저 혼자 지키고 있더라 구르고 구른 몽돌들이 입을 닫더라 저마다 섬 하나씩 품고 있더라

날마다 나를 세우는 모슬포 바람이 한겨울에도 피 마른 자리 찾아 산자고를 피우더라 모슬포의 모든 길들은 굽어 있더라 그래야 시절마다 다르게 불어오는 바람을 껴안을 수 있다더라 그 길 위에서 그 바람을 들이며 내 등도 서서

히 굽어 가더라

천원 장터

아파트 단지 후문, 늙은 여자가 펼친 장터에는 온통 풋것뿐이다 모든 것이 천원이다 천원짜리 한 장이면 채반에 담긴 푸성귀들과 텃밭의 남실바람, 새털구름이 지나간 흔적까지도 살 수 있다 빙 둘러앉은 그들의 반상회가 길어지면 헛기침이 잦아지는 늙은 여자 풋것들의 얼굴을 씻어 내리며 일침을 놓는다

늬들, 해 ᄌᆞ물도록 정신 바짝 ᄎᆞ리라

놋숟가락

마을 안길 공사장 포클레인 이빨에 물려나온 놋숟가락 하나가 번쩍, 빛을 되쏜다 어느 집 밥상 위에 놓였을 그것, 끝내 흙과 섞이지 못하고 길이 되지 못한 채 길을 떠받치며 삭아가다 불거졌을 그것, 때가 되면 빛을 내는 근성을 간직하고 있었다

할아버지 젯날 감꽃이 뚝뚝 떨어지는 수돗가에 웅크리고 앉아 재 묻힌 짚수세미로 서러운 마음을 벗기듯 놋숟가락을 닦아낼 때 할머니 앞치마에 옮겨 앉던 녹은 무엇이었는지 메밥 옆에 가지런히 놓인 촛불이 흔들릴 때마다 인광으로 살아나던 빛은 무엇이었는지

祭床이 차려진 한구석에 오두마니 앉아 절하는 아버지의 넓은 등짝 너머로 놋숟가락을 물끄러미 바라보는 할머니 눈빛 그 속에 묻어나던 진한 감꽃내

유월 스무날

밭일 나갔던 어머니가 집으로 일찍 돌아오시는 날은 초복 지나 중복을 며칠 앞둔 유월 스무날 발등으로 떨어지는 해시계의 그림자를 따라 찬물에 밥을 말아 먹고 툇마루에 내갈긴 닭똥을 서너 번 닦아내고 나면 어머니는 어김없이 머리에 쓴 수건을 탁, 탁 털어내며 마당으로 들어섰다

봄날 알을 까고 나온 병아리들은 제법 발목이 거무스레한 중닭으로 자라 있었다 구구구, 어머니의 거짓 모이에 닭들이 뒤뚱거리며 몰려간 헛간의 문을 재빨리 닫고 나는 골목을 향해 냅다 뛰었다 귀를 틀어막았으나 닭들의 비명은 고막 속으로 파고들었다 옷 입은 채 오줌을 지리기도 했다 어머니 손에 들린 닭들의 눈은 반쯤 감긴 채 팔팔 끓는 물을 뒤집어썼다 여덟 마리 주검이 감나무 아래 수돗가에 놓였다

멍석 하나로는 넘치는 식구들이 빙 둘러앉은 마당 가운

데, 달걀 모양의 달이 빛을 내렸다 어머니는 삶은 닭의 몸통에서 노랗게 익은 여러 개의 달을 꺼내곤 했다 닭 한 마리의 보신으로 삼복더위가 무사히 지나갔다

연례행사처럼 현수막도 없이 치러지던 닭 잡아먹는 날 여섯 그릇으로 줄어든 삼계탕을 마주하는 저녁이면 노랗게 익은 달이 동쪽 하늘에 걸려 있곤 했다

겨울 감자밭

겨울 감자밭에 싸락눈 내린다

마른 줄기들 탯줄 같다

어머니 북 돋우던 저 이랑 안에는
둥근 몸들이 있을 것이다

감자밭 안의 산담
안의 작은 봉분

저승집의 어머니도
감자알 같은 햇몸일 것이다

봄날, 다시

칠순의 여자가 파마를 하네 청상의 연분홍 치마를 벗어던진 마흔댓 해 죽자살자 밭고랑을 기던 자벌레 같은 여자가 파마를 하네 머리를 말아 올릴 때마다 귓불 붉어지네 마른 나뭇잎 같은 두 손을 포갠 채 순영미용실 의자에 앉은 거울 속 여자가 배시시 웃네

(뭍으로 간 누님이 설빔을 보내왔네 아껴뒀다 명절 때나 신어라 어머니 말씀 안중에도 없었네 색동양말 신은 코흘리개 소년이 바지춤을 올리네 제기를 찰 때마다 맨살 부끄럽던 발목에 무지개가 폈네 양말공장 울타리에 찍어 바른 어린 눈물이 오륙도 돌고돌아 물결 타고 건너왔네 온 동네 골목마다 무지개를 띄웠네)

제 아비 기일 맞춰 어미 머리 말아 올리는 순영미용실 순영이 발목 붙잡던 조막손이 붓보다 오래 잡은 가위손이 곱슬 곱슬 파마머리 빗기네 펑 터진 벚꽃 잎잎이 유리창에 분홍 눈을 다네

분홍 넥타이

송악산 비탈, 한 뼘만 한 풀밭
나이 든 조랑말 한 마리
말뚝에 묶여 있다
발굽 아래가 바로 벼랑인데
캄캄한 낭떠러지인데
고삐에 매인 맴돌이가
어제오늘 일만은 아니라는 듯
제자리를 맴돈다
이따금 고개 들어 바다를 바라보다
다시 고개 숙이는,
한 뼘 원주에 묶인 내 몸도
많은 날 해 저물고 목이 마르다
그러니 생은
팽팽한 심줄 끌어당기는 풀밭
그 한가운데를 바라보는 것

올봄, 내 아이가 처음 맨

붉은 꽃으로 가다

저것들,
헤픈 듯한 웃음을 흘리며 길모퉁이에 서 있다

꽃잎 안을 살며시 들여다 본다
반점 같은 씨방이 고요히 잠들어 있다
벌거벗은 내가 잠들어 있는 자궁 속이
저리 푸르다
저렇게 푸르다

칸나에게로 가면
붉은 꽃잎으로 둘러싸인 생명을
볼 수 있다
까맣게 숨어 있는 나를
들여다볼 수 있다

飛揚島

— 卍

품은 것 없으니 날릴 것 또한 없다

비양오름은 사람의 주검조차 품지 못하고
묘비 하나 세우는 일 또한 없다

왜 비양도에선
소나무 억새 대나무 잎 끝이
파도에 관절 다 깎인 노파의 눈을 닮았을까
새벽부터 통통배 몰고 나간 아들과 며느리를 기다리며
생을 놓았다 끌어당기는 노파의 눈빛을 닮았을까

卍자 새겨진 컨테이너 박스 앞에
오도카니 나앉은 노파
촘촘한 주름살 사이로
바다의 골과 골을 들인다

절 마당에서 이제 막 꽃문을 닫는 봉선화가

노파의 손등에 화인으로 남는다

바다의 물집

환한 빛을 따라 나섰네
지금은 달이 문질러 놓은 바다가 부풀어 오르는 시간
여에 부딪치는 포말들을
바다의 물집이라 생각했네
부푸는 바다처럼 내 안의 물집도 부풀고
누군가 오래 서성이는 해변의 밤
온통 흰 꽃 핀 화엄의 바다 한켠
애기 업은 돌을 보았네
그 형상 더욱 또렷하였네

제 몸 밀어내고 다른 몸을 품고서야 바다는
해변에 닿는다지
버릴 것 다 버린 바다의 화엄이
저 돌로 굳은 것일까
걸러내야 할 것들이 내게도 참 많았네
목이 쉬도록 섬을 돌았네
단지 섬을 돌았을 뿐인데 목이 쉬었네

파도의 청징清澄한 칭얼거림이 자꾸만 들려왔네
깍지 낀 손 풀어 그 울음 잠재우고 싶었으나
달빛은 바다 위에서만 출렁거리고
나는 서늘한 어둠의 한켠에 오래
오래 머물지 못했네

노을의 지층

일만 년 전 서쪽을 향해 걸어간
사내의 발자국
발자국 화석들은 모두 서쪽을 향해 있다

모슬포 해안과 이어진 사계리 바닷가
서쪽에는 모래무덤이 있고
모래무덤에 잠시 머물던 바람은
파도의 울음을 때려눕히며
벼랑을 타고 오른다
어, 저것
일만 년 전 시간들이 겹을 이뤄 타오르는 노을
바람조차 붉게 물들이고 있다

몸 위에 몸을 겹쳐
들배지기 한판승을 거둔 파도가
발자국 위로 스며드는 저물녘
층층 겹겹

겹겹 층층을 이루는 것은
패총이라 불리는 조개껍데기만이 아니다

일만 년 전 서쪽을 향해 걸어간
사내의 발자국 위에 내 발을 얹어
나는 노을의 다른 지층 속으로 걸어 들어간다
여전히 서쪽으로 향한 발자국
앞서 간 사내는 보이지 않고
발자국만 남긴 사내를 좇는 눈동자 속에도
일만 년 전 노을이 겹쳐지고 있다

곶자왈 괴석

라운딩을 마치고 온 그가 아스피린을 찾는다

골프장 진입로를 따라 기기묘묘한 괴석들이 진열되어 있더군 자잘한 돌무더기 위에 혹은 흙바닥에 아무렇게나 말야 원인 모를 두통은 그때부터 시작되더라구 티 위에 올려진 공을 날릴 때마다 헛손질이 계속되고 돼지 멱따는 소리가 이명처럼 들려왔지 시펄, 끝내 18홀을 다 돌 수 없었어 수만 년 생성의 어둠을 뒤로한 채 지상으로 끌려나와 상품이 되어버린 괴석들이 마치 조상들의 뼈처럼 보였어 두상을 타고 오르다 바짝 말라버린 으아리꽃 덩굴이 굳어버린 핏줄 같았어 피가 모두 빠져나간 모세혈관 말야 불현듯 묻혀 있을 때 빛을 발하는 것도 있다는 생각이 들더군 그래서일까, 내내 허방을 짚는 기분이었어

아찔한 현기증이 일었다
부챗살 같은 햇빛이 정수리 위에서 광광거리고
서늘한 바람이 무중력의 뇌실腦室을 천천히 베며 지나

갔다

가만, 할아버지 언제 돌아가셨더라

아버지는 또 언제……

붉은 꽃

전갈좌로 태어난 나는, 손톱을 기르고 있습니다 손톱이 자랄수록 내 눈은 자주 손톱 끝에 머무는데요 손을 오므리면 길게 자란 새끼손가락 손톱이 생명선에 닿지요 새끼손가락에 힘을 주면 목젖 근처 칼칼한 갈증이 번개를 만난 것 같고 더욱 세게 누르면 숨이 막혀 오지요 덜컥 겁이나 손을 펼치면 손바닥에 피어나는 꽃 아, 거기 붉은 꽃 핍니다

꽃은 참, 독충이나 그 무엇엔가 된통 가슴을 찔리고 나서야 피어나는 것 같습니다 더운 김이 피어오르고 버섯구름이 떠다니고 찔레꽃 피었다 지고 깨꽃이 피었다 지고 실핏줄 따라 이어진 생명선에 결국 무우수꽃 마저 차례로 피었다 지고

하루에 한두 번씩 나는 새끼손가락 손톱으로 생명선을 누릅니다 독으로 독을 씻어내는 것이지요 그럴 때마다 붉은 꽃 피는 목숨, 나를 죽인다는 것은 품었던 독을 안으로

돌려주는 것, 마음에 고인 독으로 누구를 겨냥하겠는지요. 꽃들도 뾰족한 칼끝으로 제 몸을 찌르고서야 비로소 꽃이 되지 않나요

빈방

三台星 막 돋는
저녁 무렵

왜가리 날아와
금붕어 한 마리 물고 갑니다

연못에
빈방 하나 생겼습니다

제2부

너그러운 시간

나비 상여

외따로 난 산길

나비 날개를 어깨에 멘 개미들 간다

죽어서 맴돌기를 멈춘 나비

오색무늬 제 몸이 만장이 된다

유성우

아버지 젯날
우주쇼가 펼쳐진다는 9시 뉴스에
마당 한가운데 말린 쑥을 피워올린다
아버지의 농한기를 한땀 한땀 엮은 멍석이 깔린다
선풍기도 마다하고 에어컨도 마다하고
빙 둘러앉은 여섯 남매
우리의 일거수일투족을 꿰차고 있는 골목 어귀 팽나무가
슬쩍 멍석에 발을 디민다

밤에도 매미가 우네
지치지도 않냐, 지치지도 않냐
밭일 고단한 아버지 잠 속으로 빨려들던 매미의 울음소리
오랜 자리보전으로 욕창의 고름을 닦아내던
누님의 눈에서 별똥별 떨어지고
코를 막고 멀찌감치 떨어져 앉은 내 뒤통수에도 번쩍,

별똥별은 진 것 같은데

앙상하게 드러난 등뼈의 마디마디가
우리가 앉아 쉬던 그루터기였다고
누렇게 배어 나오던 고름은
건조한 몸이 피워낸 꽃이라고

누님의 품에 안긴 갓난애의 젖병 빠는 소리가
말매미 울음에 뒤섞이는 밤
밭일 끝낸 아버지가 앉아 쉬던 골목 어귀 팽나무
그 가지 사이로 별똥별 진다

벌초

예닐곱에 죽은 얼굴도 모르는 형의 산소에 MP3 이어폰 한쪽을 놓는다 투정을 부리듯 비릿한 풀내음이 낫 끝에 묻어 난다

아버지 산소 앞 상석에 담배 한 대 올린다. 풍년초를 피우시던 입맛, 박하향 가느다란 궐련을 마다하지 않으실까

"콜레스톨이 낮다네요, 어머니" 봉분의 엉겅퀴를 뽑을 때 뚝, 뿌리가 끊긴다 엉겅퀴 가시에 찔린 살 속으로 끈적끈적한 액체가 스며든다

풀비린내 가시지 않는 손으로 가정의학사전을 뒤적인다
안구다습증

할머니 장터는 나의 태반이다

새벽잠 설친 할머니의 고개가 자꾸만 한낮의 햇볕 아래로 기운다 각설이의 가위소리가 엿가락처럼 늘어지는 사이 몇 개의 채반은 비워지고 고이춤 지전이 이마 주름처럼 한 겹씩 구겨질 때 올 성긴 삼베적삼 사이로 드러나는 젖가슴, 거미집처럼 유선을 따라 젖이 돌던 자리 뿔뿔이 흩어진 젖니들의 기억 환한 그 자리가 뭉클하다

염장이 손길 스친 어머니 마른 젖가슴, 젖배 곯던 물기 들은 내 눈썹 아래 그대로여서 몇 개의 비닐봉지로는 저 터진 물집을 다 담아내지 못한다 빠듯한 지전을 수도 없이 건네 주던 어머니가 차곡차곡 채반을 거둬들인다 그 안에 겹상추 그늘의 애벌레로 고인 나 말라가며 가벼워진 채반은 나의 태반胎盤이다

멀리 가는 봄볕

할머니 한 분이 다녀가셨다
어제는 부추 한 무더기 뽑히더니
오늘은 잎상추 몇 포기가 죄다 뽑혔다

도로경계석과 집 사이
텃밭이라 여기는 조막만 한 빈터에 나는
땅심을 높이고
가지와 고추 모, 푯것들을 심었다

내가 호미를 장만할 새도 없이 잘그락 잘그락
새벽잠 속으로 흘러들던 소리
평생 농사를 짓던 분이시라……
오십 줄 사내의 겸연쩍은 웃음 뒤로
할머니 한 분 텃밭을 나오신다

볼우물이 깊다
등 뒤에 감춘 호미처럼 굽은 등의 전적은

삶의 텃밭에 쪼그려 앉아 스스로 애벌레가 되어가는 것
초사월 느릿하게 풀어지는 햇살이
母子의 센 머리 위에 머문다

어머니 가시기 전,
손붓으로 애면글면 그리시던 벽화
그 누우런 빛깔
애기똥 같은 봄볕이다

지주목

디스크를 앓는 맏형
열다섯 터울인 나는 어린나무였다
마디 굵은 지주목에 등 기대면
달착지근한 아버지 냄새가 풍겼다
내가 서너 차례 어긋났을 때
비바람에 무너진 과수원 돌담을 고쳐 쌓듯
바람막이가 되어주던 등허리
서서히 헐거워진 몸에서
끙끙 앓는 소리가 들려온다
이제 나도 잎 무성한 성목인데
허옇게 센 머리와 아픈 허리 곧추세운 지주목은
퇴행된 디스크에 각인되어 있는
가계의 멍에를 내려놓으려 하지 않는다
허리를 펼 때 우두둑 뼈마디 성긴 소리가
끙, 목을 타넘지 못하는 소리로 변주되는
지주목
바람 세찬 날이면 아직도

그 한쪽 어깨에 온몸 기대고 싶을 때가 있다

바람의 지문

늦은 밤
고향집 헐릴 때 모셔와 벽에 세워놓은 문 두 짝
창구멍마다 나를 들여다보는 눈들이 있다
아파트 젖빛 유리문에 어리는 띠살문
창호지를 새로 바른 날이면
골목의 나뭇가지 이끌고 마실 나오던 달빛에
수틀 안 누이의 목련도 활짝 몸을 열곤 했다
좀이 슬기 시작한 창살에서 어린 날의 허기가
스멀스멀 기어나온다
알게 모르게 내려앉은 먼지를 닦아낸다고
문고리에 새겨진 지문들이 지워질까
먼지처럼 후, 불어 날아갈 얼룩이라면
아버지 가끔 저 문짝을 걷어차지 않았으리
그럴 때마다 초가지붕의 처마처럼 어머니,
품을 옹송그리진 않았으리
간혹, 탯줄처럼 긴 골목을 휘돌러 온 바람이
이가 잘 맞지 않은 문틈으로 들어왔다 말없이 나가고

아버지 문턱을 건너신 후 다시 오지 않으시고
어머니 또한 문턱 넘어 새로 지은 버선을 신으신 지 오래
매운바람이 드나들던 창문의 구멍을
하나 하나 헤아릴 때
그 문을 들락거리는 바람의 지문이
내 얼굴의 굵은 주름살로 자리 잡는다

철쭉

엉덩이 불 댄 어린 노루들이
삼십육계 줄행랑을 놓는다
가도 가도 불덩이다

숨죽여 있던 불씨들이
노루발바닥에 묻어
사방으로 튄다

수수백년 잠복해 있던 방화범
산불감시요원도 어쩔 수 없었겠다

산불이 났다

철쭉은 붉고 나는 새까맣다

달빛 수국

유월의 교래리 숲

달 밝은 밤 홀연히 숲에 든
헛소리 잦던 이웃집 누이

헛꽃을 덧댄 산수국으로 피었다

창꽃

조문을 다녀온 오후
집 앞 공원 벤치에 앉아 있는 사내를 본다
그 사내의 시선이 어디에 머무는지 모르기에 나는
베란다 창을 통해 그의 등에서 무늬를 잣는
아까시나무 푸른 잎만 바라본다

뿌리를 내리다가 암반을 만나도 에두르지 않고
돌 속을 파고든다는 상뿌리, 아까시나무는
그 독성이 꽃을 피우고 향기를 흩뿌린다

티브이를 보다가 조는 듯 고개를 꺾었다는
오십 줄 망인의 정과 해머는
세상의 암반을 뚫지 못했다

치열 고른 아까시나무
꽃그늘이 서서히 어둠을 불러온다
문상 온 사람들에게 일일이 엎드려 맞절하던

여자 아이의 머리창*, 꽃
백 년의 그늘이 고인 듯한
열두 살 아이의 창백한

* 여자 상주의 머리에 다는 꽃모양의 리본

추자도 朴씨

하선을 기다리는 朴씨의 팔뚝
정맥을 따라 추자도 바닷길이 열린다
불거진 힘줄 위로 멸치 떼가 튀어 오른다
그물을 걷어 올릴 때 옮겨 앉은 비린내가
선착장을 스멀스멀 기어오른다
그가 걷어 올리던 그물 속 멸치들이
비늘 벗겨진 상처를 가누지 못하듯
그의 손아귀를 빠져나간 생의 반짝거림 또한
세상의 그물을 벗어나진 못했다
상처가 아물기 전 멸치들은
곰삭은 젓갈로 다시 태어났지만
갑판의 난간에 기대어 담뱃불을 건네던 그의 눈빛은
짙은 염분에도 절여질 수 없었다
묵리로 넘어가는 고갯길
주근깨 박힌 산나리꽃이
손에 꼭 쥔 승선표를 기웃거린다
너그러운 저녁 해가

그의 구부정한 등을 받쳐주고 있다

아버지의 가처분 신청

경운기 바퀴가 서너 번 헛돌고 나서야
들어서는 보리밭
바짓단을 적시던 보릿대들이 뉘어진 밭 한 귀퉁이에
낫질이 비켜간 곳이 있다
아버지는 어쩌시려구 저기다 城을 만드시나

이슬이 걷히기 전 마저 베어야 할 텐데요
짚단 묶던 허리를 펴며
서투른 낫질 같은 말을 더듬거렸으나
아버지는 아지랑이처럼 끓는
마른기침 소리를 애써 낮추신다
보리농사만 농사인 것이 아니여

돈 몇 푼 되지 않는 농사를 놓지 않는 아버지의 고집에
까끄라기 묻은 듯 심사가 껄끄럽다

점심을 내 온 어머니는

성으로 남은 보리밭을 둘러보며
심드렁하게 말 한마디를 얹는다
또 알을 품은 목숨이 있는 모양이구먼

보릿대 날리던 하늘
어느새 토막 난 노을이 켜켜이 쌓이고

시동을 끈 탈곡기가
밭은 숨 고를 새도 없이
아버지는 서둘러 보리밭을 나가자 하신다
탈탈거리는 경운기가 비탈밭을 나올 때
여백에 꾹 누른 인감도장 같은 아버지의 城에서
푸드득, 꿩 한 마리 날아오른다

실걸이꽃

오월 이즈음이던가
넋인 듯 환한 꽃이 피던 게

짓다만 건물 옆 공터에
암죽색 수피의 나무 한 그루
줄기에 갈고리낚시 바늘을 꿴
노란 꽃눈이 눈물을 달고 있다

지나칠 때마다
미늘에 걸린 듯 파닥이던 기억
눈이 오면 가슴이 얼고
빗속에선 눅눅해지던

눈과 발이 아프던 시기는 그리움으로 숨어
때로 가려움처럼
때론 치통처럼

노란 버스가 지나는 길에서나
노란 장화를 신은 아이의 종종걸음에나
아니 모든 노란이라는 말 앞에서도
갈고리낚시 바늘에 채이던 마음

어느 해
신생아병실 복도에서 가슴을 졸이다가 끝내 놓쳐버린,

절벽

모래무덤을,

바람이 들고 나던 바위그늘을,

물 속 골짜기마다 무늬를 새겨 넣던 노을을,

그림자도 없이 혼자서 판독하며 걸어와

펑펑 우는 바다

제3부

제주 팽나무

西로 간다

새 날아간 허공이
휘청거리는 西알오름
몇 줌 잔별에도 휘청거린다
반백 년 저린 오금을 펴
어둠 속 길을 헤쳐 나온 사내들
그 짐승의 시절을
같이 늙은 4월이 껍질 툭, 벗을 때
허공의 환부는 더욱 깊어진다
겹진 끈을 풀고 또 풀어도 아직
캄캄한 길
알을 품은 붉은 해 허공에 떠
만뱅디 지나 자귀남밭 지나
부풀어 무거운 몸이
西로 간다

굴비상자 안의 사내

굴비를 보면
짚을 꺼내오던 사내 있었다
한 두름 묶고 풀기를 반복하던
사내

서까래에 썩은 냄새 진동했다

하나로 엮인 몸들이 어디론가 끌려가
뜨거운 총열에 고꾸라졌다
포개진 주검 아래 이 앙다물고
남의 피 빌려 산
목숨 있었다

아랫집 혼자 늙어가던 사내를
배달된 홈쇼핑 굴비상자 안에서 본다

더운밥 한 끼 올리기도 전

굴비처럼 몸이 굳어간
아버지가 있었다

나무의 뼈

선흘리 동백숲 그늘로 들어섰다
단내 풍기는 엉겅퀴가 선홍빛 입술을 열었으나
눈길 주지 않았다
동백, 짙푸른 잎들이 8월 햇살을 오려내어
제 그림자 제 몸에 새기는 오후
들모기 일격에 벌겋게 부어오른 팔뚝을 쓰다듬자
숲 그늘 더욱 짙어진다
발 아래 떨어진 나뭇잎
덧쌓인 주검의 바스락거리는 소리에 귀 기울일 때
발목 잘린 채
마삭줄기와 칡덩굴에 매달려 면공面空하는
바짝 마른 나무의 흰 뼈
오래전 숲으로 든 사내들도
상처의 살들을 다 내어준 채
참수 당한 저 자세로 허공에 매달려 있었을 것이다
아직은 내려놓을 때가 아니라는 듯
한사코 부여잡은 두 팔

그들, 몸의 말을 알아듣는지
외팔로 뻗은 길의 외진 곳
흙두덩이 벌겋게 부어오른다
앞서 간 사내들의 발자국처럼
드문드문 놓인 움막 터의 주춧돌
잎 어긋난 산겨릅나무와 피나무가
나뭇잎 몇 장 내려놓고 있다

이덕구 산전

스무엿새 4월의 햇, 살을 만지네
살이 튼 소나무를 어루만지며
가죽나무 이파리 사시나무 잎 떠는 숲
가죽 얇은 내 사지 떨려오네

울담 쓰러진 서너 평 산밭이
스물아홉 피 맑은 그의 집이었다 하네
아랫동네를 떠나 산 중턱까지 올라온
사기 사발과 무쇠솥이 깨진 채
하늘을 올려다보고 있네

그 숲에 나 잡목으로 서서
살 부비고 싶었네
그대 한 시절에 무릎 꿇은 것 아니라
한 시절이 그대에게 무릎 꿇은 것, 이라
각을 하듯 마음에 새겼네

산벚나무 꽃잎 떨어지네

음복하는 술잔 속 그 꽃잎 반가웠네

그대 발자국 무수한 산밭길의 살비듬 같은 꽃잎

어깨 서서히 데워주었네

나 며칠 북받쳐 앓고 싶었네

穴風

이마에 매달린 붉은 신호등 지나다가
섬뜩한 눈빛에 사로잡힌다
벙거지 쓰고 감은 듯 열린 돌하르방의 눈
서늘한 바람은 툭, 불거진 눈에서 불어온다
담쟁이 기어오르다 지친 오후
포박당한 것은 돌하르방이 아니라
두 손에 움켜잡힌 담쟁이덩굴이다
마냥 같은 자리에 서서
마을의 대소사를 거념*하며
흉 각각 정 각각
분명히 헤아리는 저 노인
자주 드나드는 길 위에서
내 눈은 방향을 가늠하지 못한다
열쇠고리를 만지작거리는 땀 밴 손바닥 위로
불호령이 떨어진다
황색선을 넘나들며 달려왔던 길들이 지문처럼
내 이마에 선명하게 찍힌다

흉 각각 정 각각

* 거념 : '보살피다' 의 제주어.

서건도

보름달 뜨는 밤이면 스르륵
올 성긴 명주 한 필이 깔린다

수상한 소문들이 너울로 남은 섬의 아랫도리

이틀 전에 바다에 몸을 허락한 사람도
달포 전 먼 바다에서 사라진 갈치잡이도
어김없이 데려다 놓는다는 서건도

사람들은 그곳을 썩은 섬이라 부른다

몽돌의 낯빛으로 바다가 익어가는 염장

비포장도로가 급히 내려서다 멎는
모든 생의 에움길 끝에
서건도가 있다

서귀포시 강정동

산 1번지

제주 팽나무

봄이 오기도 전에 날이 저문다
차고 어두운 방에 전원을 올린다
형광등이 몇 번이고 깜박이는 사이
오라동 언덕배기 보리밭 한가운데
늙은 팽나무를 생각한다
오후의 마지막 햇살까지 안타까이 만지작거리던 가지
끝,
천수관음의 손들이 허공을 더듬고 있었지
수명이 다한 형광등은 여전히 깜박거리고
그래,
천길만길 어둔 밤의 벼랑이었지
깃을 치던 새들이 놀랄 새도 없이 날개를 꺾고
화염에 휩싸인 집들의 어깨가 힘없이 무너져 내릴 때
쩍, 쩍 흙벽 갈라지는 소리
배고픈 숟가락이 검게 그을리는 소리
탱탱 불은 어미 소의 젖 터지는 소리
生의 망막이 터무니없이 들려졌지

감을 수도 뜰 수도 없이 따끔거리는 눈
그 속으로 파고든 소리들의 광시증光視症을 다스려
한기를 뿜어내는 늙은 팽나무 한 그루
푸른 보리밭을 살 가까이 끌어당기던
아름드리 밑둥치 불거진 눈물의 혹,
그 검은 덩어리들

木碑

백치 같다, 저 햇살
4월의 바람과 어우러진 백치 같은 저 햇살은
해원상생解寃相生 굿이 열리는 선흘리 곶자왈*
너른 숲을 벗어나지 못하고 가장자리를 맴돈다
구겨진 섬의 비명으로 피어
잡목과 두루 섞인 동백

실타래를 풀어놓는 무녀의 사설에 쿵쿵,
섬이 울린다
김원준 고달옥 안창민 윤대선 정상호
속껍질 채 마르지 않은 목비들이 차례로 세워진다
버선코에 걸린 무녀의 흐느낌을 져 나르는 햇살
울울창창한 나무의 곁가지들이
수런대기 시작하는 목시물굴
습하고 어둔 곳에 누워 있던 사람들이
총 맞은 등에 기름 뿌려 불태워진 주검들이
긴 그림자 매달고 걸어나온다

곶자왈의 들숨과 날숨에
살과 뼈를 빌린 사람들이 태어난 섬의 중심은
물집 투성이다

굿판을 서성거리던 허령虛靈들이
한데 어울려 어깨를 주무른다
더운 김 뿜어내는 소리 환한,
그 위로 해원상생의 길을 풀어놓는 4월의 햇살
백치 같다, 저 햇살

* 곶자왈 : 잡목과 덩굴들이 마구 엉켜 원시의 숲을 이룬 곳.

다랑쉬오름의 낮달

허공에 걸린 저것,
다랑쉬오름을 비껴 뜬 낮달이다
어느 시대의 유물인데 녹슬지 않고
끈질긴 고집으로 저리 떠
섬뜩한 빛
내 눈 속을 파고드나

입 틀어막힌 굴 안에서
주저앉지도 못한 채
벽 긁으며 죽어갔을 사람들
그들이 긁어내린 벽화 속 손톱눈이
오늘 낮달로 뜬 것일까

오직 지구의 중심을 벗어난 죄 하나로
칼날을 세우는
달의 오랜 침묵시위

* 4 · 3 당시 연기에 질식사한 11구의 유골이 1992년 다랑쉬굴에서 발견되었다.

산의 주인은

검은 죽음의 자리 흰 뼈를 드러낸 고사목 한 그루
1600고지 칼바람 앞에 서 있다
뭉툭해진 잔가지 끝
더 이상 손톱은 자라지 않았어도
하늘이 가끔 가려운 등을 들이밀곤 했을 것이다
긁힌 자리마다 별들이 화르르 피어났을 것이다
목이 마른 건지, 아니면 내 몸 안에
또 다른 목마름이 웅크리고 있는지
산비탈에서 휘청거리는 갈증은
내던져도 떨어지지 않는 인연 같은 것
여린 겨울눈[冬芽]을 품은 마른 잎 같은 눈으로
죄 없는 계곡만 바라본다
물소리 잦아든 저 계곡의 깊이가
메아리를 부풀리는 산의 공명관이라 했지
관절이 욱신거렸을 저 능선의 주름들이
세상의 중심으로 길을 내던 산의 역사라 했지
으악새 가는 몸짓에도 살 베이던 자폐의 몸을

감싸 안는 바람 한 줄기
결박당한 삶을 한사코 풀어내려는
한 줄기 바람

먼 그대

더 바짝 붙어봐요

눈 쌓인 서귀포 구시청 마당
겨울 햇살이 눈부시다
붉은 열매 혈흔처럼 떨어진 나무 아래
두 사람을 세워놓고 사진을 찍는다
당신들 멀어지려 애쓰는 사람들 같아
그제서야 다가선 두 사람의 눈 속에
설익은 사랑이 불그스레 열린다
그래 그거라니까

찰칵
두 사람의 얼굴 위로 얼핏 스치는 피사체 하나
찰칵
다시 한 번 셔터를 누른다
호적계원이 그어놓은 붉은 줄에 갇힌 아버지의 이름
그 오랜 시간의 흔적 위로

붉은 열매 몇 떨어져 내린다

뭔 나무에요?
열매를 주워들던 두 사람이 동시에 묻는다
돌아서던 내 손끝이 가 닿은 곳에
아직도 여전히 공비나 병사, 기념이라는 말들이
활자로 남아 있는 허름한 안내문

먼나무
제주도 기념물 제15호
이 나무는 한라산에 있었던 것으로 1949년 4 · 3사건 당시
공비토벌을 마친 기념으로 제2연대 병사가 주둔지인 이곳에
심은 것이다.

음각을 새기다

산간마을 한복판
폭낭 한 그루
그 몸에 등 기댄다
낯익은 고요 속에서
어린잎들 눈 뜨는 소리 들린다
내 귀에도 햇잎 같은 소리 돋는다

해마다 4월의 상여는 지나간다 棺은 텅 비어 있다 사각의 어둠에 안색이 창백해진 햇살 웅성거림이 잦았던 잔가지들도 꼼짝하지 않는다 목숨 짧았던 영혼들의 상여, 그 뒤를 좇는 요령소리만이 묵음으로 떠돈다

갑년에 이르는 동안
이름 하나 제대로 부를 수 없었던
부름에 답하지도 못한
등기된 지번도 좌표도 없는
生木 밑둥치

검붉은 울혈들이 음각을 새긴다

우회도로를 빠져나가지 못하는 것들

채 여물지 못한 달빛이 모슬포 골목마다
수많은 그림자를 만들어내고 있다
오늘은 칠월 칠석

길의 끝에서 혹은 시작되는 곳에서
덩굴손이 깍지 끼어 부여잡은 푯말 하나
백조일손묘역 3.3km
양민학살터 3.8km
동서남북 불어온 바람이 달빛에 부서지다 다시 돌아와
그 언저리를 서성거린다

빛이 보이는 부분을 오늘이라, 하면
희미한 윤곽만으로 모양새를 갖춘 삭은, 어제였나
사람의 나이로 치자면 육십갑자의 끄트머리
어둠 속 내버려진 영혼들이 웅크려 있다
남루한 형색의 눈이 퀭한 사내들
우회도로도 없는 흙먼짓길을

겉옷 하나 달랑 걸쳐 입은 몸으로
맨발 끌며 또 끌었으리

오작교도 없었던 반백년의 시간 동안
내버려진 채 웅크린 그들의 그림자는 어디,
오늘 같은 날 달이 만든 내 그림자를 보며
달의 뒤편을 생각하는 것은 서늘한 일이다

동광리 헛묘 앞에서
— 고사리

새 잠시 앉았던 자리 고사리 돋았다

너는 벌써 저쪽 언덕을 넘어갔는데

어느새 돌아와 고개 숙인다

너의 가느다란 발가락이 닿았던 자리

헛기침인 듯 솟은

가시덤불 속 성자

누구신지요?

환청

매미가 울었지요
여름 이미 지나고
겨울이 바로 턱밑인데
매미가 울었지요
구실잣밤나무 등피에 붙은
매미 한 마리
탈피각으로 속을 다 비워내며
울었지요
기껏해야 그것,
내 몸의 저승으로나
울었지요

제4부

달의 난간

花信

저 물 위, 새의 가벼운 날갯짓을 화신이라 하면 안 되나 엄동을 저항 없이 견뎌낸 붉은 잇몸인 바다를 화신이라 하면 안 되나 치약을 풀어놓은 듯 알싸한 갯내 가까이 옴팡집들의 부엌마다 풍기는 비린내, 그것 또한 화신이라 하면 안 되나 아침 밥상 앞에 둘러앉아 조근조근 이야기를 나누는 가난한 집 아이들, 그 아이들의 입술처럼 종알거리는 서귀포 앞바다의 섬들, 이 모든 것들이 내미는 푸른 혀를 화신이라 하면 안 되나

수평선에 묻다

푸른 이끼 돋은 돌담 아래
水仙이 귀를 세운 날
솔동산 가파른 고갯길에 헉, 숨이 막힌다
서귀동 512번지 仲燮 없는데
절여진 온기를 어루만지며 서서히 늙어가는 집
툇마루에 소금기 짠하다

한 평 남짓 셋방살이 서른여섯 중섭이가 우두커니 앉아 있더라 찬찬히 바라보면 수평선은 바다의 죽음이어서 섬도, 바다도, 허공도, 삼백예순날 허기진 마디들도 적막하고 또 적막하더라

이 섬과 저 섬이 너무 가깝다
이 생과 저 생이 너무 가깝다

겨울 연못

살얼음의 형틀을 가시관으로 쓰고
진창을 아랫목으로 깔고 앉은
蓮

단산* 그늘

산이 날개를 친다
발톱을 세운 우화등선의 그늘
바슬바슬 해비늘 빗살무늬 질 때
산자락에 산자고
핀다

탈탈탈,
경운기 한 대가 지나가는
농로 위 저 문체가 간결하다

탱자나무 가시, 가시 울타리
한 치 안에 갇힌 몸 歲寒의 붓끝이
산 하나를 품어
瞅 瞅 瞅
날개를 친다

* 단산 : 추사적거지가 있는 대정읍 안성리와 이웃해 있다. 박쥐를 닮았다 하여 바구미오름이라고도 한다.

萌芽林

맹아림이라는 말
곶자왈 답사길에 처음 들었지요
성목 벤 자리 여러 개의 움이 터
멀대같이 키를 키웠으나 그늘 깊지 않은 숲

가을걷이 끝낸 아버지 산으로 가셨지 집 나서는 누렁쇠 빈 지게에 바리바리 어린 눈들이 실려 있었지 한겨울 무쇠솥을 달구고 쩍쩍 금이 간 구들방에 온기 불어넣으려 아버지, 화력 좋은 참나무에 눈도장 찍으셨지 톱날을 반쯤 먹은 나무가 우지끈 넘어질 때 맞비비던 까칠한 손바닥 죄인처럼 슬그머니 뒷걸음질 치셨지 시체처럼 묶인 장작이 소 잔등에 실리고 도끼날 먹지 않은 잔가지 등짐이 어둑발 내린 산길 내려왔지 토막 난 몸처럼 보폭 잦은 아버지, 그늘 깊은 나무 되셨지

서어나무 졸참나무 개가시나무 우거진 숲
밑동이 보이지 않네요 아버지

멀대같이 키만 큰 맹아리에 묻혀

안 보여요, 아버지

달의 난간

파도는 부드러운 혀를 가졌으나 이 거친 절벽을 만들었습니다

열이레 가을달로 해안은 마모되어 갑니다 지워지다 이어지고 이어졌다 끊어지는 신엄의 오르막길, 바다와 가장 가까운 벼랑에 이르자 누군가 벗어놓은 운동화 한 켤레 가지런히 놓여있습니다

생의 난간에 이르면 달빛 한 줌의 가벼운 스침에도 긁힌 자국은 선연할 터인데 내 안의 빗금 같은 한 무더기 억새, 바싹 다가온 입술이 마릅니다

生涯의 끝에 이르러 멈추었을 걸음 망설임의 흔적인 듯 바위틈에 간신히 붙은 뿌리, 뿌리와는 달리 땅 쪽으로 뻗은 가지가 바람에 흔들리고 있습니다

누군가 온몸으로 지나간 길, 마음 한 번 비틀어 曲을 만

들고 마음 다시 비틀어 折을 만들었으나 길 밖을 딛었을 자의 흔적은 허공뿐입니다

자주 바람 불어 달이 잠시 흔들렸으나 죽음마저 품어버린 바다는 고요합니다

쑥, 쑥물

쑥 캐러 가며 칼을 잊었지요 쑥 향기만 맡고 돌아서는데 쑤욱, 고개를 내민 쑥이 말을 걸어왔습니다

땅 밑에서 새소리 들려오지 않느냐 땅심에 불 당기는 지렁이 배밀이 소리가 들리지 않느냐 아슴아슴 흙 털어내는 내 발가락 소리 들리지 않느냐, 찬기운 남아있는 2월의 햇살 아래 뿌리들이 자분거리는 소리 들려왔습니다

칼 대신 휘두른 손, 손가락 사이 어긋난 지역방송의 주파수처럼 지지직거리는, 이미 나는 소리의 사다리를 타고 내려가 땅바닥에 철퍼덕 주저앉고 말았습니다 땅심을 건드린 열 개의 안테나가 땅 건너편 지표를 뚫고 있었습니다 손가락마다 쑥, 쑥물 번지고 있었습니다

봄은 또 엉겁결에

비양오름 무인등대 아래
힘 겨루는 어린 염소들이
또글또글 똥을 싸지른다
기를 쓰는 발길질에 흙이 패이고
간지러워 씩씩거리는 더운 콧김 따라
똥 묻은 씨앗들이 흙 속으로 파고든다
후끈 달아오른 오름이 그만
어지러워 참을 수 없어
엉겁결에 봄 싹을 내밀고 만다

바위그늘집

도롱이를 뒤집어쓴 사내
물끄러미 바다를 바라본다
빗방울이 사내의 혼잣말을 동그랗게 오려낸다
사내 곁에 나뒹구는 빗살무늬토기
바다는 그 안에서도 출렁인다
뭉툭한 손끝으로 걷어 넘긴 수천수만의 시간이
빗금을 만들고 있다

무딘 화살촉에 매번 급소를 찔렸으나
석촉의 끝이 향한 바다는
상흔을 남기지 않는다

칡넝쿨에 물고기 몇 마리를 꿰어준 바다가
사내의 등을 떠민다

사금파리 주워든 또 다른 사내가
사내를 따라 바위그늘집으로 들어선다

금방이라도 쏟아져 서걱거릴 것 같은 모래알들이
천장에 낱눈의 이끼로 돋아 있다
부싯돌의 번쩍거림에 눈을 돌리자
도롱이를 벗은 사내 보이지 않고
애물결나비 한 마리 바위그늘집을 빠져나간다

나비의 날개 끝으로 계명鷄明바라의 춤사위가 이어지고 있다

들꽃들의 사유가 쓸쓸하다
— 용눈이오름

풍토병을 앓는 바람이 굽은 능선을 타고 내린다
오래전 이 길 걸어간 누군가의 속울음이
내게로 번지는 듯하다

철 늦은 물매화 꽃향유 쑥부쟁이
들꽃들의 메마른 사유가 쓸쓸하다
꽃 한 송이 피우는 게 생의 전부였을
몸의 감옥에서 한순간도 벗어나지 못한

꽃의 울음인가 그 울음의 그늘인가

누구일까, 방금 아니 오래전에라도
무엇이 내 몸을 훑고 지나가긴 지나간 것인가

내 눈은 오래도록 밖을 향해 있었으니
나를 읽은 적 한 번도 없다

헐벗은 봉분 위 잘못 박힌
들찔레의 가시에 찔려 무릎걸음을 하다가
아니, 몸의 어디쯤 억겁의 시간을 이어온
푸른 피멍으로 드러눕고도 싶다가

3번 여인숙

그 집을 기웃거리던 날이 여러 날이었다
하루 내 햇볕이 비켜갔음직한 좁은 골목
담벼락에 돋은 이끼의 푸른 입이
지루한 시간을 끈질기게 물고 있다

지은 지 40년이 넘는다는 집
강아지를 품에 안은 주인 여자를 따라
이층으로 난 외벽의 콘크리트 계단을 올라서면
물 빠진 해안 다크써클이 짙다

얼마나 많은 밀물과 썰물이 들고 났나

11호 12호 13호……
사나흘 묵고 간 해일 인 모슬포 앞바다처럼
빈방에 들어
새벽까지 함께 젖을 알전구를 바라보다
어두운 복도 모서리에 걸려 넘어지던

갈칫배 선원의 코 고는 소리를 듣는다

공동세면장에서 힐끗 마주친
거센 물살에도 곧추서는 은갈치의 눈을 닮은
장기투숙자의 우연한 눈길이나
바다와 잇닿은 벼랑과도 같은 맨 끝방
몸속 생각들이 엎치락뒤치락 뒤엉키는
내 낡음 또한 맞저울일테니

자리젓 곰삭는 항구식당을 지나 파랑도 다방을 지나
바다를 향해 야윈 처마를 드리운 3번 여인숙
들고 나는 사람들의 머리맡 이야기를 다독이며
각진 생의 길들을 향해 불 밝히던
모슬포 길 끝의 집

칸나

날마다 철공소에서는
시퍼런 정신이 튀어 오르네

굽어 있던 철근들이 몸 펴는
소리 들려오네

팅,

팽팽히 조율하며 살의 결을 타고
튀어 오르는 저 징한 소리들

오늘 한 송이 붉은 칸나로 피어올랐네

산수국

산수국을 만나는 일은 산을 오를 때보다 내려올 때가 제격입니다 산허리를 휘감던 안개의 입자들이 땀방울과 섞여 꽃으로 피어났나요

느닷없이 붉어지던 볼을 감추려 눌러 쓴 모자 아래 고백성사처럼 피던 열꽃들이 여태 지지 않고 있었나요

길을 따라 수로가 생겼을까요. 수로를 따라 길이 생겼을까요. 수국길, 물에 없는 길, 눈 밑에 수국 꽃잎 같은 눈물 자국을 남게 한 사람이 내게도 있었습니다

가파른 산길 오를 때 내 몸을 역류하던, 산수국 속으로 오래전에 들어간 그 물길이 산을 내려올 때 비로소 보입니다

孤內

얼마나 외로웠으면 고내리 가는 길은
등뼈 다 드러나도록 검게 타들어간 채
안으로만 길을 내었을까

화를 낸다는 것은
자기 안의 화를 다른 이에게 넘기는 일

외로운 자들은 제 안의 화를 제 안에 태운다

□ 해설

바람이 머물다 가는 자리

홍기돈(문학평론가, 가톨릭대학교 교수)

1. 흔들리는 바람이 남겨놓은 흔적

『물집』의 세계는 고요하게 닫혀 있다. 하기야 살가죽이 부르터 올라 그 안에 물이 들어찬 물집의 형태 자체가 봉분 모양으로 완결되어 있기는 하다. 그래서 그럴까, 여기서는 아무런 경계 없이 어느 방향으로든 사납게 내달리는 바람마저도 한 곳에 가만히 머무른다. 가령 「우회도로를 빠져 나가지 못하는 것들」의 다음 구절을 보자. "길의 끝에서 혹은 시작되는 곳에서/ 덩굴손이 깍지 끼어 부여잡은 푯말 하나/ 백조일손묘역 3.3㎞/ 양민학살터 3.8㎞/ 동서남북 불어온 바람이 달빛에 부서지다 다시 돌아와/ 그 언저리를 서성거린다"(2연). 돛말이 있으나 바람은 나아갈 방향을 알지 못한다. 이렇게 바람이 머무는 곳을 시인은 '길의 끝' 혹은 '시작되는 곳'으로 파악하고 있다. 지나쳐온 길의 끝이면서 동시에 나아갈 길의 시작이라면, 그곳은 바로 시인이 서 있는 현재의 그 자리가 아닌가. 바람이 머물러 있기는 「木碑」에서도 마찬가지다. "백치 같은 저 햇살"과 더불어 "4월의 바람"은 "해원상생解冤相生 굿이 열리는 선흘리 곶자왈/ 너른 숲을 벗어나지 못하고 가장자리를 맴돈다". 왜 『물집』에서의 바람은 무겁게 가라앉고 있는가. 그저 한 곳에서만 뱅뱅 맴돌 수밖에 없는가. 그리고 시인은 왜 하필 그 자리를 자신의 근거로 삼아야 하는가.

이러한 물음을 풀어나가기 위해서는 우선 「모슬포」에 주목할 필요가 있겠다. 무겁게 가라앉아 있다고는 하지만, 그리고 뱅뱅 맴돌고 있다고는 하지만, 제1연을 보면 그 바람의 날선 기세가 결코 만만치 않음이 드러난다. 바람은 제 자신이 스스로 날을 세우면서 파도를 몰고 다니는데, 그 파도를 하필 "슬레이트 낡은 집들"에 가두고 있다. 파도의 물 이미지가 "사람들의 눈가에 번진 물기들"을 거쳐 "항시 푸르게 일렁이더라."로 변형되는 과정으로 보건대, 아마도 낡은 집에 갇힌 파도는 그곳 사람들 감정의 수원(水源) 역

할을 담당하고 있을 것이다. 아니나 다를까, 푸르게 일렁이는 그 고인 물의 깊이는 이내 "시퍼렇게 눈 부릅뜬 날것들"이라는 분노의 형상으로 전환되고 있다. 시인은 이러한 날것들이 다시 바람을 맞고 있다고 진술하였으니, 「모슬포」 제1연에 등장하는 모든 것들은 바람 속에서 자신의 존재를 이어나간다고 정리해도 무방해진다. 그러니까 시인뿐만 아니라, 그가 바라보는 모든 대상까지도 바람 안에 자리를 잡고 있는 셈이 된다.

「모슬포」 제2연에서는 둥근 이미지가 두드러진다. 마치 바람이 늘 한 방향으로만 불어댔던 까닭에 그러한 것처럼 우선 "모슬포의 모든 길들은 굽어" 있다. 솔가지들 또한 휘어져 있고, 오랜 시간 바람에 구르고 파도에 씻긴 몽돌들 또한 둥글둥글하다. 그런데 여기서 관심을 끄는 대상은 둥글게 봉긋 솟아오른 "백조일손지묘百祖一孫之墓"와 "산의 상처로 파인 암굴"이다. 주지하다시피 '백조일손지묘'는 한국현대사가 낳은 비극의 상징이라 할 수 있다. 또한 「우회도로를 빠져나가지 못하는 것들」, 「木碑」에 등장하는 지역 명칭들도 같은 의미망을 지닌 어휘로 분류된다. 그러니 바람이 바깥으로 활달하게 휘몰아쳐 나가기보다, 안으로 회오리쳐 들어오며 뱅뱅 맴도는 까닭은 그 비극의 상처에서 찾을 수 있을 것이다. 아직 상처가 제대로 치유되지 못하였기에 바람이 그 주위로 몰려든다는 말인데, 제2연의 둥근 이미지란 기실 바람의 그러한 방향을 따라 생긴 것이 아닌가. 상처를 매개로 하여 이와 상동(相同) 관계를 형성하는 자연물이 바로 '암굴(暗窟)' 이다. 이때 '굴(窟)' 이란 드러나기보다는 은폐된 공간이라는 사실에 주목할 필요가 있으며, 여기에 접두사 '암(暗)' 이 따라붙은 까닭도 밝게 치유되지 못한 상처와 관련되리라 판단할 수 있다. 이렇게 인간사와 자연사는 서로를 닮아간다. 구르고 구른 몽돌들마저 침묵할 줄 아는 이유이다. 그렇다면 시인은 이러한 세계에서 어떠한 태도를 취하고 있는가.

> 모슬포에 부는 바람은 날마다 날을 세우더라 밤새 산자락을 에돌던 바람이 마을 어귀에서 한숨 돌릴 때, 슬레이트 낡은 집들은 골마다 파도를 가두어 놓더라 사람들의 눈가에 번진 물기들이 시계탑 아래 좌판으로 모여들어 고무대야 안은 항시 푸르게 일렁이더라 시퍼렇게 눈 부릅뜬 날것들이 바람을 맞더라
>
> 모슬포의 모든 길들은 굽어 있더라. 백조일손지묘百祖一孫之墓 지나 입도 2대조 내 할아비, 무지렁이 생이 지나간 뼈 묻힌 솔밭길도 굽어 있더라 휘어진 솔가지들이 산의 상처로 파인 암굴을 저 혼자 지키고 있더라 구르고 구른 몽돌

들이 입을 닫더라 저마다 섬 하나씩 품고 있더라

날마다 나를 세우는 모슬포 바람이 한겨울에도 피 마른 자리 찾아 산자고를 피우더라 모슬포의 모든 길들은 굽어 있더라 그래야, 시절마다 다르게 불어오는 바람을 껴안을 수 있다더라. 그 길 위에서 그 바람을 들이며 내 등도 서서히 굽어 가더라

—「모슬포」 전문

"날마다 날을" 세우던 모슬포의 바람이 이제는 "날마다 나를" 세우고 있다. 그러니 시인은 퍽 바람을 닮은 셈이다. 그가 "한겨울에" "피 마른자리"로 가서 "산자고를" 보게 되는 이유도 그만큼 바람을 닮아있기 때문이리라. 그렇다면 기어코 그 상처 난 자리를 지키며 보듬어 안으려는 그는 "산의 상처로 파인 암굴을 저 혼자 지키고" 있는 "휘어진 솔가지"이기도 하지 않은가. 하지만 시인은 역사의 상처를 응시하되 그 자리에서 투사로 변모하지는 않는다. 그야말로 가만히 지키고 있을 뿐이다. 그러면서 그 자신도 서서히 둥글어진다. 이리하여 남는 것은 시간뿐일까. 바람은 그러한 시간을 환기시키는 매개물인 것일까. 일찍이 박재삼(朴在森)은 바람을 빌려 시간을 다음과 같이 환기시킨 바 있다. "천년 전에 하던 장난을/ 바람은 아직도 하고 있

다./ 소나무 가지에 쉴새 없이 와서는/ 간지러움을 주고 있는 걸 보아라/ 아, 보아라 보아라/ 아직도 천년 전의 되풀이다"(「천년의 바람」 제1연). 상처를 끌어안고 있기에 『물집』의 바람은 그보다 무겁다.

젊은 시인 김경주가 두 번째 시집 『기담』의 '시인의 말'에서 다음과 같이 이야기를 했었던가. "바람은 한 번도 목장을 갖지 못하였고, 목장은 한 번도 바람을 가두지 못했다." 그렇지만 여기 스스로 발목을 잡고 상처 주위를 맴도는 바람이 있다. 『물집』은 그 바람이 흔들리며 남겨놓은 흔적이다.

2. 꽃의 울음을 듣다

『물집』 도처에서 바람을 발견할 수 있다. 그리고 그 바람은 밝고, 곧고, 새로운 것을 향하지 않고 어둡고, 둥글고, 낡은 것 주위로 불어간다. 가령 「천원 장터」에서는 "늙은 여자"가 펼쳐놓은 온갖 "푸것"에 그 흔적이 새겨져 있다. 아마 이 늙은 여자는 장터에서 내다팔 푸것들을 키우기 위해 한때 "죽자살자 밭고랑을 기던 자벌레 같은 여자"(「봄날, 다시」)가 되어야 했을 것이다. 그 질긴 시간을 견디고 나니 조금 여유가 생긴다. "천원짜리 한 장이면 채반에 담긴 푸성귀들과 텃밭의 남실바람, 새털구름이 지나간 흔적까지도 살 수 있다". 물론 천 원짜리 한 장 때문에 긴장하는 걸 보면 그리 넉넉하지는 않아 보이나, 오히려 그래서 따뜻하게 느껴진다. "일만 년 전 시간들이 겹을 이뤄 타오르는 노을"에 붉게 물드는 「노을의 지층」 또한 오랜 시간이 축적되어 있음이 분명하다. 「바람의 지문」, 「절벽」, 「穴風」, 「들꽃들의 사유가 쓸쓸하다」 등도 같은 맥락에서 읽어갈 수 있다. 물론 앞에서 언급하였던 「모슬포」라든가 「우회도로를 빠져나가지 못하는 것들」, 「木碑」까지도 여기에 포함된다. 이 가운데 시선을 잡아끄는 작품은 「들꽃들의 사유가 쓸쓸하다」이다.

풍토병을 앓는 바람이 굽은 능선을 타고 내린다
오래전 이 길 걸어간 누군가의 속울음이
내게로 번지는 듯하다

철 늦은 물매화 꽃향유 쑥부쟁이
들꽃들의 메마른 사유가 쓸쓸하다
꽃 한 송이 피우는 게 생의 전부였을
몸의 감옥에서 한순간도 벗어나지 못한

꽃의 울음인가 그 울음의 그늘인가

누구일까, 방금 아니 오래전에라도
무엇이 내 몸을 훑고 지나가긴 지나간 것인가

내 눈은 오래도록 밖을 향해 있었으니
나를 읽은 적 한 번도 없다

헐벗은 봉분 위 잘못 박힌
들찔레의 가시에 찔려 무릎걸음을 하다가
아니, 몸의 어디쯤 억겁의 시간을 이어온
푸른 피멍으로 드러눕고도 싶다가

—「들꽃들의 사유가 쓸쓸하다」 전문

「들꽃들의 사유가 쓸쓸하다」에 붙은 부제는 '용눈이오름' 이다. 시인은, 이 시집에 실리지 않은, '용눈이오름' 에서 "바람마저 낮은 포복을 하는 용눈이오름" 이라고 표현한 바 있다. '낮은 포복' 이 "풍토병을 앓는 바람" 으로까지 번졌으니 이제 바람은 오름의 형질에 한 발 더 가까워진 셈이다. 그런데 바람의 길을 따르는 시인이 문득 "오래전 이 길 걸어간 누군가의 속울음" 을 느끼고 있다. 아니, "내게로 번지는 듯하다" 고 하였으니 속울음 속으로 서서히 빠져들고 있다고 하는 편이 조금 더 정확하겠다. 그런데 그게 참 기이하다. "누군가의 속울음"에 관해 명료한 것은 없고 그저 "몸의 감옥"의 안팎을 넘나드는 낯선 감각만이 두드러지기 때문이다. 무언가가 내 몸을 훑고 지나간 시각은 "방금"인가, "오래전"인가. 그래, 그 "무엇"은 "누구일까". 모른다. 시인도 모를 것이다. 그래서 그는 "내 눈은 오래도록 밖을 향해 있었으니/ 나를 읽은 적 한 번도 없다"라고 쓸 수밖에 없었다. 하지만 "몸의 감옥"을 벗어나는 사유, 즉 관계에 관한 깨달음이라면 그렇게 표현하는 것이 당연하지 않을까. 내 바깥의 것들을 내 안으로 끌어들이고, 나를 나 바깥의 것들 속으로 풀어놓는 순간의 충만함! 이렇게 교차하는 지점을 진술하기 위하여 시인은 두 번이나 "아니"라는 부정어를 끌어들였다. "방금 아니 오래 전에라도"에서 한 번, 마지막 연에서 또 한 번.

혹시 제주의 용눈이오름에 올라본 적이 있는가 모르겠다. 충청남도 부여 출신 사진작가 김영갑(金永甲)을 매혹시켜 제주에 붙들어놓은 곳이다. 용이 누운 모양을 닮았다고 해서 붙여진 이름이라던가. 햇볕 좋은 날 그 오름에 오르면 그 부드러운 음영(陰影)이 퍽 장관이다. 혹시 시인은 그곳에서 음(陰)과 양(陽)이 서로 맞서면서 끌어안는 대대(待對)라는 존재의 형식을 직감한 것이 아닐까. 이러한 가능성이 다가오는 까닭에 나는 「들꽃들의 사유가 쓸쓸하다」를 「다시 4월」이나 「용눈이오름」보다 높이 평가하게 된다. 「다시 4월」 역시 이 시집에 실리지 않았는데 여기서 시인은 4·3 유족들을 보면서 몇 번이나 "저들의 슬픔을 나는 모른다"라고 뇌인 바 있다. 거기에는 이유가 따라붙는다. 가령 이런 식이다. "우리 집은 소개당하지 않았고 내가 태어나던 시각에 아버지는 마을 외곽의 성문을 지키고 있었다". 아마 이러한 진술은 사실일 것이다. 그렇지만 그게 사실이라 한들 '나'와 '너' 사이의 거리가 그렇게 완고하게 작동한다면 '우리'는 어떠한 경로로 한데 어울릴 수 있겠는가. 「용눈이오름」 또한 마찬가지다. "누워 있다는 것은 누워 기다린다는 것/ 안과 밖을 따로 둔 적 없으나/ 한 생이 돌고 돌아간 길에도/ 경계는 지워지지 않는다"(제4연). 이 경계는 역사와 사회에 대한 무게가 만들어낸 것이 아닐까. 물론 좋은 시인이라면 그러한 무게를 기꺼이 감당해야 한다. 그렇지만 인문학적 여유에서 빚어지는 존재 성찰을 통해 그 너머로까지 나아갈 수 있어야 하는 것 아닐까. 「들꽃들의 사유가 쓸쓸하다」에서 나는 그러한 가능성을 읽고 있다.

「바람의 지문」에서도 비슷한 느낌을 전해 받는다. '내'가 세상을 보는 것이 아니라, 세상이 '나'를 들여다본다. 오래된 "문 두 짝"이 이를 매개하는 창구이다. 물론 이렇게 진행되는 시각의 전도(顚倒)는 시인에게 성찰의 계기를 제공한다. 그 성찰에 바람이 오랫동안 머물렀으니 읽을수록 그 세계가 웅숭깊게 다가온다. 한때는 상처였을 사건들이 "매운바람"으로 표현되기는 하나 시간을 덧입어 그리움의 대상으로 피어나고 있다. 그리고 그리움의 끝에서 시인은 자신을 발견한다. 시간 속에 갇힌 운명을 확인하게 되는 순간이랄까. 아마 시인 또한 언젠가 저 문턱을 넘어갈 것이다. 그의 아버지가 그러한 것처럼. 그의 어머니가 그러한 것처럼. 그 길을 따라 모든 것은 둥글어진다. "탯줄처럼 긴 골목을 휘둘러 온 바람"이 꼬불꼬불 불고 있듯이 말이다.

늦은 밤
고향집 헐릴 때 모셔와 벽에 세워놓은 문 두 짝
창구멍마다 나를 들여다보는 눈들이 있다
아파트 젖빛 유리문에 어리는 띠살문
창호지를 새로 바른 날이면
골목의 나뭇가지 이끌고 마실 나오던 달빛에
수틀 안 누이의 목련도 활짝 몸을 열곤 했다
좀이 슬기 시작한 창살에서 어린 날의 허기가
스멀스멀 기어나온다
알게 모르게 내려앉은 먼지를 닦아낸다고

문고리에 새겨진 지문들이 지워질까
먼지처럼 후, 불어 날아갈 얼룩이라면
아버지 가끔 저 문짝을 걷어차지 않았으리
그럴 때마다 초가지붕의 처마처럼 어머니,
품을 옹송그리진 않았으리
간혹, 탯줄처럼 긴 골목을 휘둘러 온 바람이
이가 잘 맞지 않은 문틈으로 들어왔다 말없이 나가고
아버지 문턱을 건너신 후 다시 오지 않으시고
어머니 또한 문턱을 넘어 새로 지은 버선을 신으신 지 오래
매운바람이 드나들던 창문의 구멍을
하나 하나 헤아릴 때
그 문을 들락거리는 바람의 지문이
내 얼굴의 굵은 주름살로 자리 잡는다

—「바람의 지문」 전문

3. 어머니의 마른 젖가슴

시집의 제목이 『물집』이다. '물집' 이란 표현은 『물집』에서 세 편의 시에 등장한다. 「바다의 물집」, 「할머니 장터는 나의 태반이다」, 『木碑』. 그렇지만 제목에 관한 상념을

먼저 일으키는 작품은 「동광리 헛묘 앞에서」이다. "헛기침인 듯 솟은" 헛묘의 둥근 형태가 물집을 연상시킬 뿐 아니라, 물집을 터뜨리면 액체가 조금 흘러나오고는 마치 원래 안이 비어 있던 것처럼 늘어져 보이는 까닭에 '헛묘'라는 단어가 결합하게 되는 것이다. 이러한 이미지에 부합하는 '물집'은 「할머니 장터는 나의 태반이다」에서 확인할 수 있다. 아마 시인은 또다시 장터에 나갔나 보다. 자, 채반을 늘어놓은 할머니가 한 분 한낮 햇볕 아래서 까딱까딱 졸고 있다.

새벽잠 설친 할머니의 고개가 자꾸만 한낮의 햇볕 아래로 기운다 각설이의 가위소리가 엿가락처럼 늘어지는 사이 몇 개의 채반은 비워지고, 고이춤 지전이 이마 주름처럼 한 겹씩 구겨질 때 올 성긴 삼베적삼 사이로 드러나는 젖가슴, 거미집처럼 유선을 따라 젖이 돌던 자리 뿔뿔이 흩어진 젖니들의 기억 환한 그 자리가 뭉클하다

염장이 손길 스친 어머니 마른 젖가슴, 젖배 곯던 물기들은 내 눈썹 아래 그대로여서 몇 개의 비닐봉지로는 저 터진 물집을 다 담아내지 못한다 빠듯한 지전을 수도 없이 건네주던 어머니가 차곡차곡 채반을 거둬들인다 그 안에 겹상추 그늘의 애벌레로 고인 나 말라가며 가벼워진 채반은 나

의 태반胎盤이다

—「할머니 장터는 나의 태반이다」 전문

새벽잠 설쳐가며 장터로 나와야 했던 할머니의 행색이 퍽 고단하다. 날씨가 더울수록 해는 길기만 한 법이다. 각설이의 가위소리를 따라 엿가락이 늘어갈 정도로 덥다. 다행히 몇 개의 채반은 팔아넘길 수 있었다. 그러다 어느 순간 깜빡 졸음이 들었는데, "올 성긴 삼베적삼 사이로 드러나는 젖가슴". 아마 그 할머니의 젖가슴도 과거 언젠가는 빵빵하게 부풀어 올라 자식들의 굶긴 배를 채워줄 수 있었을 것이다. 하지만 그 시절은 이미 오래전이다. 시인은 하필 "고이춤 지전이 이마 주름처럼 한 겹씩 구겨질 때" 젖가슴이 드러났다고 했다. 할머니의 젖가슴도 그렇게 구겨져 있었으리라. "뿔뿔이 흩어진 젖니들"처럼 그 탄력도 어디론가 사라졌을 것이다. 그런데, 왜 이 순간 할머니의 졸음이 그의 죽음에 닿아있다고 느끼게 되는 것일까.

시인은 이 지점에서 자신의 어머니에 대한 기억으로 눈을 돌린다. 임종을 맞아 염장이가 수습했던 어머니의 시신에서도 그러했다. "어머니 마른 젖가슴". 그 앞에서 시인은 언제나 젖 달라고 보채는 한낱 유아기의 짐승일 따름이다. 몇 개, 몇 십 개의 비닐봉지를 가져다준들 어미의 젖을

빼앗긴 어린아이의 눈물을 모두 담아낼 수 있을까. 그야말로 물의 집, "저 터진 물집"이다. 이 순간 어머니의 '마른 젖가슴'과 시인의 "몇 개의 비닐봉지로는" 결코 담아낼 수 없는 "저 터진 물집"은 기묘하게 하나의 쌍을 이룬다. 말라버린 젖가슴도 따지고 보면 물집이 터져 생긴 결과이기 때문이다. 세상 모든 어머니와 자식의 관계가 그러할 것이다. 그렇다면 저기서 저렇게 한낮의 태양 아래 꾸벅꾸벅 졸고 있는 할머니도 세상 모든 어머니의 한 분이 아닌가. 나의 어머니도 저렇게 고된 삶을 견디면서 나를 길러내지 않았을까. 이 순간 잠에서 깬 할머니의 모습은 시인의 어머니 영상과 겹쳐진다. 돌아갈 준비를 하는지 할머니/어머니는 "차곡차곡 채반을 거둬들인다". 그러니 같은 방식으로 모든 자식은 "그 안에 겹상추 그늘의 애벌레"라고 할 수 있다. 깨닫지 못하거나, 설령 깨닫더라도 언제나 뒤늦게 깨닫게 되어서 문제지만 말이다.

시인은 왜 시집 제목을 『물집』이라 하였을까. 「할머니 장터는 나의 태반이다」를 보건대, 거기에 존재의 형식이 담긴다고 파악했기 때문일 것이다. 어머니의 젖가슴이 '물(젖)의 집'이고 보면 거기에는 생명이 깃들어 있겠고, 무언가에 느껴 감정에 따라 펑펑 울 수 있는 '눈물의 집'을 가진 존재라면 영혼이 살아있을 터이다. 그리고 역사적, 사회적인 상처를 안고 물집 모양 둥그렇게 솟은 여러 봉분 또한 이와 연관될 수 있다. 이 모든 것들을 감싸고 있는 것은 바람이다. 매운바람 때문에 눈물이 나고, 그 눈물을 바람이 말려준다. 그래서 나는 『물집』을 '바람이 머물다 가는 자리' 라고 이해하게 된다.

『물집』의 커다란 틀을 이야기하느라, 이 시집의 두드러진 하나의 특장은 불가피하게 생략할 수밖에 없었다. 그것은 바로 고요한 장면을 언어로써 그려내는 능력이다. 여기에 대해서라면 독자들이 찬찬히 읽어보면 될 일이기에 굳이 사족을 덧붙이지 않는다.